LE DIVORCE POURQUOI?

EN PROFONDEUR EXPLICATION DES CAUSES DE DIVORCE

DANIEL PATRICK

LE DIVORCE POURQUOI?

UNE EXPLICATION EN PROFONDEUR DES CAUSES DE DIVORCE.

Copyright (c) en 2020 par Daniel Patrick
Tous droits réservés

CONTENU

Introduction

Également par Daniel Patrick

A propos de l'Auteur.

INTRODUCTION

Pourquoi avons-nous tant de cas de divorce dans le monde? Pourrait-il être aussi un résultat de seulement faux mariages ou est-il quelque chose qui est de la pêche en elle. Nous n'avons pas à être d'accord avec de mauvais mariages, mais avant de nous présenter la réponse à cette question, voici les statistiques des taux de divorce dans le monde.

Nous savons tous que le divorce a été sur un rythme élevé dans les États-unis et au désormais 39% des mariages aux États-unis mettent fin par un divorce, et de toutes les indications, il y a nombre de raisons que les couples qui décident de l'appeler à cesser de fumer. La recherche dans tous les pays du monde, nous trouvons que la Russie était le plus élevé, suivi par le Bélarus et puis Gibraltar et les États-unis sur la même plaine et vous verrez qu'il y a aussi des pays à très faible taux de divorce avec des pays tels que le Sri lanka , suivie par le Vietnam en Afrique du Sud et la Bosnie sur la même plaine. Ainsi, nous pouvons voir que le divorce est vraiment une grosse épine dans le monde et il a besoin d'attention et de solution. Beaucoup de gens vivent dans les regrets et l'agonie.

Il ont été très nombreux facteurs qui causent le divorce qui a été dit ou écrit sur et encore il y a une question que je continue de poser la question, ça veut dire que ces facteurs ne sont pas de vrais ou de gens sont réticents à comprendre le fait majeur. Quel est le réel problème? Ce travail n'est jamais à déclasser ceux du livre ou de l'enseignement sur le divorce, c'est aussi y ajouter et d'apporter son propre point de vue, je crois que tout le problème dans la vie dispose de différents côtés de la médaille, c'est un côté de la médaille et il promet d'être un merveilleux et réveiller la théorie qui a été testée, éprouvée et digne de confiance.

Pour sur toutes englobant monde, il n'est pas surprenant que la parole de Dieu, la seule solution à des situations qui vont mal. De nombreux réveil quotidien, dépenser beaucoup d'argent sur le divorce et le sont aussi de la vie paralysés dans leur pensée et les émotions.

Tous les chapitres de ce livre sont

construits autour de la parole de Dieu et de bien expliquer à notre propre compréhension. De nouveau chaque chapitre dans greffé avec un exercice de méditation que vous pouvez utiliser si vous êtes si incliné.

J'espère que la sagesse et de compréhension de la parole de Dieu des actions de grâce à ce livre brille et devenir une bénédiction pour de nombreuses générations. Je suis bien certain que tous les lecteurs, de toutes les religions, les origines, le statut peut apprendre quelque chose à propos du divorce et de la solution. Je vous souhaite beaucoup de succès dans votre relation et mariage et, avec l'aide de ce livre, vous aurez sûrement la défaite de divorce et aussi aider ceux qui sont divorcés pour obtenir le retour de la confiance et de l'amour.

LE CHAPITRE UN
LE DIVORCE ET LE CONCEPT

Nous allons définir le mot divorce et de l'utiliser pour expliquer quelques faits et aussi vous donner le notion dont je suis opportun pour découvrir qui va nous aider dans notre explication.

Maintenant, qu'est-ce que le divorce? Le Divorce du grec geek translittération *apolyo*; phonétique et de la prononciation de l'ap-lo-oo-oh est gratuit entièrement (littérale) soulage, de libération, de les rejeter (réflexive départ) ou laisser mourir, pardon (au sens figuré), ni s'en écarter, rejeter, à pardonner, à se laisser aller en vrac, envoyer loin, libération, mis en liberté, tous les cette définition signifie quelque chose, par exemple le divorce d'une question en particulier, cela signifie se laisser aller, de même pour le divorce rencontre est à rejeter ce rassemblement, le divorce d'une affaire à l'encontre de quelqu'un, c'est de pardonner et de laisser aller cette question contre cette personne.

En hébreu, le mot divorce proviennent de la parole *"keriythuwth"* , qui consiste à couper un lien conjugal, le mot hébreu *"shelach"* moyens de l'envoyer loin. Ces deux mots quand même dans l'écriture, et comme vous pouvez le voir, l'un des moyens pour couper le lien conjugal et le deuxième est à envoyer à l'écart qui quand ces deux mots sont mariés ensemble, il signifie simplement que le divorce est de couper le lien conjugal entre un homme et une femme, donc il y a beaucoup de choses en cause, mais d'après notre discussion et à la fin de ce livre, nous sommes à la recherche à ce que le divorce signifie que dans un mariage. Le Divorce a été de temps de la création, il n'a pas commencé aujourd'hui, mais quand vous lisez les écritures attentivement, vous allez voir, il était dans une mesure limitée, mais aujourd'hui, le divorce est devenu l'ordre du jour et de nombreuses difficultés à surmonter ou le trouver agréable pour eux d'aller dans et regretter le silence. Pour vraiment comprendre ce que le divorce est tout au sujet de ce que nous devons savoir ce qu'est le mariage, bien que dans mon livre *"le plan original pour le mariage"*, j'ai justement décrit très bien ce que le mariage est tout au sujet, mais juste une astuce ici à ajouter à ce que j'ai là, le mariage est une alliance une alliance, je veux dire qu'il est entre deux personnes venant ensemble pour un but. Même si certains vont dire que c'est juste pour avoir des enfants, mais des amis, il est plus que. Comprendre ce que je veux ouvrir nos yeux à l'instant et si vous voulez obtenir plus sur le mariage, obtenir mon livre *"le plan original pour le mariage"* et d'autres livres. Chaque fois qu'un mari d'avoir des rapports avec la femme, une alliance est faite et laissez-moi vous expliquer, la virilité de l'homme est comme un couteau et la féminité de la femme est comme la chair, lorsque les rapports sexuels est faite il y a une coupe et le sang coule. Oui, vous risquez de ne pas voir tout ce qu'surtout si vous avez été marié parce que vous n'êtes plus vierge mais ce qui se passe pendant les rapports sexuels.

Dans mon livre "la Datation, l'Amour et le Sexe". J'ai pris mon temps pour expliquer en profondeur ce qui se passe. Revenons à ce que nous sommes, le Mariage est une union d'un homme et d'une femme. Donc, si le mariage est une union entre un homme et une femme, puis le divorce est la désunion entre un homme marié et une femme.

Donc, quand on parle de divorce, c'est un profond sujet qui ont besoin d'une bonne attention, à partir de l'histoire c'est que quand un homme prend une femme et des maries, et il vient de passer qu'il ne trouve aucune grâce à ses yeux, parce qu'il a trouvé quelque impureté en elle, elle est envoyée à l'écart et d'être un autre homme de la femme. Il pourrait être quelque chose de mauvais, mauvais comportement, la honte, de la tache. Savez-vous que celui qui épouse une femme a trouvé une bonne chose et obtaineth la faveur de l'Éternel. Donc, si l'homme ne voit pas la faveur, il divorce, alors maintenant, si nous devons suivre ces principes que tout le monde devrait être divorcé. C'est une des raisons pour lesquelles il est bon de comprendre ce que le mariage est tout au sujet. Je tiens également à préciser ce point qui est que, le mariage a été constitué pour produire de la divine semence. Maintenant, si vous lisez mon livre "*le plan original pour le mariage*". J'ai fait quelques explication sur le fait qu'il ne veut pas vraiment dire de donner naissance à des enfants , mais il s'agit d'une extension d'un royaume. Lorsque vous donnez naissance à des pieux de graines, qui sont des enfants, vous êtes ainsi à l'expansion d'un royaume. Lorsque vous donnez naissance à des pieux, des graines, qui sont des enfants, vous êtes également à l'expansion d'un royaume et si vous donnez naissance à des impies, des semences que vous êtes aussi de l'expansion d'un autre royaume. À quoi pensez-vous remplir. La raison de la difficulté aujourd'hui dans notre société est comme un résultat de l'impie, graines, maintenant vous pouvez me demander ce que je veux dire par pieux, les graines et les impies graines. Il est écrit instruis l'enfant selon la voie qu'il doit suivre et quand il sera vieux, il ne s'en détournera pas. La formation est ce qui est nécessaire de connaître la différence, encore une fois quand un couple marié de comprendre pourquoi ils se marient et donnent naissance à des enfants qu'ils ont automatiquement pieux graines parce que ce qui est dans le des parents affecte aussi bien dans ce livre, nous allons parler d'un couple marié et de comprendre pourquoi ils sont mariés. Le Divorce est aussi pour faire face traîtreusement les uns avec les autres (homme et femme). Le mot traîtreusement est trompeuse envers une personne, elle aussi signifie que l'infidélité, de l'abandonner. Beaucoup pensent que c'est seulement lorsque les deux parties décide de s'écarter les uns des autres, puis le divorce a pris mais en réalité, les couples vivant ensemble, mais l'infidélité de l'un vers l'autre est considéré comme le divorce, j'ai fait un enseignement sur l'essence de l'amour vrai et j'ai expliqué que l'amour a été mal compris par beaucoup comme, dans, si ou quand, mais il n'est pas basé sur si ou quand, quoi, ou n'importe quelle condition. L'amour est inconditionnel, et il vient du plus profond de nous-mêmes. mon Livre "*la Datation, l'amour et le sexe*" a une certaine profondeur d'explication à propos de l'amour et de la façon dont il est été mal compris par beaucoup d'entre nous aujourd'hui, vous voyez donc qu'à chaque fois qu'il y a un petit problème, l'amour va froid et progressivement mourir, et encore bien l'habitude de dire qu'ils sont dans l'amour, mais c'est en fait la luxure pas l'amour parce que pour moi l'amour est parfait et ne meurent pas, il peut la discipline, mais de ne pas mourir. Il existe de nombreuses causes de divorce que nous voyons aujourd'hui, et dans ce livre, nous allons voir certains faits ou les causes qui l'ont été le problème de temps d'apparition. Je crois à un point que vous avez vu le sens du mot divorce et le comprenait très bien.

Maintenant, je veux partager la notion de divorce et ce que je veux dire par la notion de divorce. Le mot concept est la compréhension de retenue dans l'esprit, de l'expérience, le raisonnement et l'imagination. Le concept général de divorce, à la séparation est due à certains facteurs qui est incontrôlable par l'homme et la femme.

Mon concept simple, est-ce que le divorce signifie que deux vision différente refusant de devenir l'une vision. Maintenant laissez-moi vous expliquer ce que je veux dire, chaque homme et chaque femme a une vision de la vie et ils sont créés pour un but particulier. Je vais vous donner un exemple simple de deux capitaines dans un même navire avoir deux destinations dans le même temps, le capitaine Un veut aller à la côte de l'Allemagne et les deux capitaines sont au bord de la États-unis, et le capitaine B veut aller aux Bahamas. Si les deux d'entre eux se décide à naviguer sur le navire, il y aura de la confusion, se quereller et à la fin d'un départ. De même, est un homme avec une vision qui s'est marié à une femme avec une vision différente, si la femme n'est pas prêt à se soumettre à l'homme et de sa vision, il y aura sûrement être une catastrophe que le mariage. Maintenant, deux lignes parallèles représentant l'homme et la femme s'ils étaient d'accord ensemble, lorsque les deux extrémités des deux lignes parallèles sont joints ensemble, ils forment un cercle et le cercle est ce que j'appelle un bon mariage. Mais quand il s'agit d'une des forces qui rompt le cercle et le retour de ces deux lignes parallèles de nouveau, c'est ce que j'appelle le divorce. Dans l'école de l'homme nous ne sommes pas créés pour être seul, il doit être à l'assemblage, à l'exception de mariage, vous pouvez voir que nous, les humains, les besoins d'amis, de connaissance. C'est parce que nous sommes tous créés à se connecter les uns aux autres, et aussi pour vous dire la vérité, un homme de se marier à un autre homme est une erreur absolue de but de la vie, elle est terrible et ne doit pas être citer entre le royaume de l'homme. Je n'ai pas vu que dans le royaume des animaux et je me demande pourquoi l'homme essaie de se dépraver plus bas que les animaux. Il est à la fois pour les dames aussi, une femme est d'être marié à un homme et à la femme de vision devrait être en ligne avec la vision de l'homme pas de la division de but. Lorsque deux personnes sont concentrées sur un seul but , ils vous y rendre facilement et rapidement, ils ne sont pas troublés par les défis en cours de route. J'ai donné l'original de la personnalité à la fois un homme et une femme dans mon livre "*la Découverte de votre perte de la personnalité*" afin de l'obtenir et de comprendre beaucoup de choses. Donc, mon concept est que le divorce est la division et le mariage, c'est la vision. Chaque fois que vous voulez tuer une vision vous ajoutez de la mort à celui de la vision et il devient de division. Un bon mariage a une vision, mais quand la mort vient, et c'est avoir une vision différente de celle d'origine, elle devient la division et c'est le divorce.

La méditation

Prendre un moment tranquille pour s'asseoir et demandez-vous, que je suis marié je suis ayant la même vision avec mon partenaire? et suis-je prêt à céder à mon partenaire de vision? Et pour vous, allez dans le mariage prenez le temps de vous demander, suis-je prêt à donner ma vision de la personne en suis marié à? pour les deux parties le faire à chaque fois si possible

LE CHAPITRE DEUX
POURQUOI LE DIVORCE

La simple question me vient, pourquoi le divorce? Si le titre de ce livre est le Divorce pourquoi? Mais vraiment, pourquoi le divorce? Pourquoi le divorce est différent de l'causes de divorce ou permettez-moi de cette façon pourquoi le divorce apporte au sujet de la cause de divorce. Dans ce livre, nous allons avoir besoin de sous-titres pour décrire la cause de divorce qui est laborieux et difficile des questions sur le divorce et qui est le prochain chapitre.

Mais maintenant, nous allons voir pourquoi le divorce, il est écrit que *"par la sagesse, est une maison construite, et par la compréhension est établi et avec la connaissance de l'chambers être rempli avec tous les précieux et agréable richesses"*, quelle belle écriture et si vous comprenez soigneusement, ce passage parle des mariages. La sagesse construit un mariage, établit le mariage et la connaissance permet de prospérer. Alors, pourquoi le divorce? C'est quand il n'y a pas de sagesse, de compréhension et de connaissance dans un mariage. Nous allons voir chacun de ces mots avec soin et savoir de combien ils touchent, que plus tard suite à un divorce.

La SAGESSE

La sagesse est dit de construire un mariage, Maintenant qu'est-ce que la sagesse? Jes il les faits et gestes ou la parole d'un aîné. La sagesse est d'application. Demande de quoi? c'est la capacité pour une personne de faire de bonnes et de droit les décisions de la base de la combinaison de ce qu'il a connu (la connaissance), de l'expérience et de la compréhension intuitive, de sorte que la sagesse est ici, n'est pas tout au sujet de l'âge mais il pourrait contribuer. Les gens partout dans le monde ont manqué dans ce domaine que l'on vient de sauter en épousant un homme de base sur probablement de l'argent, le statut, l'apparence du visage, la forme du corps et ainsi de suite, de même, les hommes sautent dans les mariages pour la même raison. Mais c'est la plus grande erreur parce que ces choses que vous avez vu sont temporaires et disparaissent. nous avons dit que la sagesse est la capacité de faire un bon et droit des décisions fondées sur la combinaison de ce que vous savez, la question est ce que vous savez au sujet de cette personne que vous êtes sur le point de se marier, de nouveau, que savez-vous au sujet du mariage. Je crois que c'est là que la plupart de nos mensonges du problème, c'est qu'ils ne connaissent rien au sujet du mariage. J'ai demandé à un jeune couple récemment marié à propos de leurs connaissances de ce qu'ils sont en. Pour être sincère avec vous, j'ai été déçu parce que leur réponse a été centré sur l', nous sommes échues et de l'amour les uns des autres, nous avons donc de se marier. Eh bien, nous allons prendre plus de connaissances sur la droite dans ce chapitre, le deuxième point est l'expérience, il y a un dicton que l'expérience est le meilleur professeur, mais je suis en désaccord avec cela, vous pouvez avoir l'expérience d'une chose encore et encore et encore échouer.

L'expérience ici est que les connaissances qui vous ont obtenu, et la façon dont beaucoup vous l'ont appliqué. Disons maintenant que vous en savez beaucoup sur le mariage, ensuite a vous de profiter de leurs connaissances et vu le résultat et avez-vous aussi apprendre de l'erreur que vous avez faites. Final, la compréhension intuitive signifie quelle attitude avez-vous quand vous avez vu des défis qui se pose est que le mariage?

La COMPRÉHENSION

Ce qui établit le mariage et qu'est-ce que la compréhension? Cela signifie compréhension, c'est l'attitude ou l'action que vous mettez vers la connaissance (de l'Information) que vous avez obtenu. C'est là que vient la maturité dans. Un nouvellement mariés couple a eu un combat et la femme a découvert que le mari a menti dans beaucoup de choses, maintenant, pouvez-vous imaginer sa réaction, ou permettez-moi de vous demander qui est la lecture de ce livre, quelle sera votre réaction. Bien ce qui s'est passé pour que nouvellement mariés couple était que les deux d'entre eux de quitter le mariage et a commencé à blâmer les uns les autres, dégradant les uns des autres. Les conseils de ces couples il y a une chose simple à faire et c'est pour comprendre, ce qui signifie essayer de savoir pourquoi le mari faisait que parce qu'en tout il y a une raison. Elle a saisir pleinement et entièrement les informations, parce que la plupart des gens ne sont pas d'approfondir et d'absorber la première situation avant de réagir, mais de réagir et, plus tard, après avoir écouté les gens, ils reviennent à essayer de comprendre pourquoi l'acte a été fait et à ce moment, il est trop tard, car de nombreux blessés et des maladresses ont été réalisés. Mon propre conseiller est d'abord de reconnaître l'erreur et prendre la responsabilité. Je sais que vous pourriez dire comment, ce que je veux dire ici, c'est que vous vous rendez compte les dommages qu'il va apporter à votre vie et à la société si elle n'est pas correctement traitée. Dans ce processus, vous pourriez même découvrir que vous avez fait votre mari à se livrer à une mauvaise chose, bien qu'il ne devrait pas être un critère pour lui d'être trompeur. La deuxième, également reconnaître votre mode de pensée, il se pourrait que vous êtes la pensée négative à l'égard de votre mari et qui l'a fait agir de cette façon. Troisièmement, admettre l'erreur de vous-même. Savez-vous qu'une fois que vous admettre une erreur, vous n'avez pas blâmer les autres. Un exemple simple est que si je suis marié et ma femme est défaillante, la vérité est, suis la cause non seulement elle parce que si j'ai fait la même chose qu'elle ne fera pas de mal se conduire. Si la femme est d'admettre l'erreur à elle-même avant de le mari de même, le mari à la femme, en acceptant qu'ils sont la cause et qui va conduire à la fois à la phase finale et qui est prometteuse. Vous verrez par la suite à la fois de leur promettant eux-mêmes à être fidèle, et rapidement faire demi-tour.

J'ai utilisé cette méthode pour soigner de nombreux brisé le mariage même si pour certains, il n'a pas été facile , mais ils l'ont fait et aujourd'hui, ils sont encore à l'épanouissement et toujours sur le feu de l'amour dans le mariage.

CONNAISSANCES

Je l'ai dit, la connaissance de rendre le mariage de prospérer, l'une des plus grandes clés de la réussite dans le mariage, même dans les affaires et dans la vie en général est la connaissance. C'est l'information ou de savoir à propos de quelque chose ou d'une personne, vous devez avoir des connaissances sur ce que vous allez ou ce que vous êtes maintenant. La connaissance est la force ou vous pouvez dire la puissance. C'est la base ou le fondement de chaque mariage. C'est par la connaissance que vous avez de rendre le mariage plus doux et agréable. Alors, quelles sont les connaissances que vous êtes censé obtenir? N'essaie pas de commencer un autre livre, ici, sur cela, mais vous devez obtenir ces points.

- Acquérir des Connaissances de qui vous voulez vous marier

- Obtenez la connaissance de l'endroit où vous marier à

- Acquérir des Connaissances de comment vivre avec le sexe opposé

- Acquérir des connaissances de la personnalité de l'autre sexe.

- Acquérir des Connaissances de traiter avec la situation correctement lorsqu'ils surviennent.

- Acquérir des connaissances de mariage au

total.

Comment voulez-vous obtenir cette connaissance, j'ai discuté de certains points ici sur mon livre *"la Datation, l'amour et le sexe"* d'aller la chercher et de comprendre plus. Mais vous devez être quelqu'un qui lit le livre, lire des livres sur le caractère, l'amour, le mariage, le sexe et nous vous invitons à lire pour obtenir des connaissances et de la compréhension, j'ai dit à quelqu'un que j' ai lu plus d'une centaine de livres sur la relation, le mariage et il a crié. Il vous aidera à vous forme et vous aussi.

Permettez-moi aussi de dire ce que la connaissance, la compréhension et la sagesse sont liés, de sorte que vous besoin des trois. Quelqu'un peut avoir la puissance, qui est la connaissance et n'ont pas l'autorité qui est la sagesse. Nous avons tous besoin d'avoir le pouvoir(la Connaissance), pourrait ou le caractère(la Compréhension) et de l'autorité ou de la capacité(la sagesse).L'alimentation apporte peut qui apporte au sujet de l'autorité, de rendre mon enseignement sur la puissance, la force et l'autorité.

Donc, avec ces trois points, nous pouvons voir pourquoi il est le divorce qui est en conséquence d'un manque de connaissance, de compréhension et de sagesse dans un mariage.

La MÉDITATION

Prenez le temps de vérifier qu'avez-vous pas connu au sujet de votre partenaire, de votre relation, de l'amour, de sexe et de chercher si possible, demandez à quelqu'un qui peut vous orienter, aller chercher le livre sur ceux de la zone, de lire et de méditer sur leur asseyez-vous avec votre conjoint et résoudre les problèmes, pas vous tourner vers un public en désaccord et de moquerie.

Méditer quotidiennement sur ce que vous avez étudié et essayez de changer votre attitude envers la vie, dites-vous que vous sont en train de changer, la pratique et d'appliquer de nouvelles idées pour votre vie et le mariage.

LE CHAPITRE TROIS
MINUTIEUX ET DÉFIS DES QUESTIONS

Il y a des questions qui sont laborieux et difficile qui apporte au sujet du divorce. Rappelez-vous il n'y a pas de fumée sans feu. Nous avons vu dans le dernier chapitre de la principale raison pour le divorce, maintenant, nous sommes juste de la plongée en profondeur dans les questions que ces raisons générer, par exemple, lorsque quelqu'un n'ont pas de connaissances sur quelque chose qu'il ou elle a tendu pour aller à la mauvaise mai et elle affecte beaucoup de choses, donc nous allons voir ces mauvaises manières. Ce livre est une parfaite combinaison de connaissances, de sagesse et d'intelligence; je l'ai fait de nombreuses enquêtes et donc ne suis pas de simplement vous donner

quelques imaginé les faits, mais cette réalité.
Maintenant vais vous donner quatre confirme
minutieux et des enjeux qui apporte au sujet du
divorce.

De l'ARGENT

L'argent est l'un des les choses les plus
précieuses de notre planète et tout le monde veut
obtenir. Mais savez-vous que l'argent
représentent sang, maintenant laissez-moi vous
expliquer que, peut dire de me donner de
l'argent, ou peut dire que j'ai besoin de l'argent,
alors vous pouvez aussi dire que j'ai besoin d'un
sang pour la transfusion ou de test. Eh bien, la
parole de l'argent dans le même mot sang dans
le texte hébreu qui est "*damim*". Oui l'argent est
le moyen de subsistance et un moyen d'assurer

les nécessités de la vie. Si vous regardez à travers l'histoire, vous découvrez que beaucoup de sang a été versé au cours de l'argent et même jusqu'à aujourd'hui elle est encore sur. Est-ce à dire de l'argent est mauvais, non, l'argent est bon, mais, le seul problème est qu'il est utilisé à tort, a tort. Beaucoup ne savent pas que le principal moyen de faire de l'argent est d'être créatif. Eh bien, nous allons discuter à propos de l'argent dans les détails ici, mais comment apporter de l'argent sur le divorce? Le Couple a pris leur mariage comme une résolution de problème venture et il fait beaucoup de dames et les hommes à aller dans un mariage qu'il y a de l'argent, parce qu'ils estiment qu'elle va résoudre leur problème et de les rendre riches, ils n' y vont pas parce que de l'amour, mais à cause de l'argent et si peut-être l'argent n'est pas plus ou pas beaucoup de disponibles comme ils le voulaient, habituellement vous les entendre dire que je ne l'aime pas encore, il ou elle n'est pas de la bienveillance, de l' Je n'ai pas confiance en lui ou elle. De l'argent comme je l'ai dit, c'est bon, mais il ne devrait pas être le critère pour la relation. Je veux partager une histoire avec vous, mais ne vais pas citer de noms, s'il vous plaît garder avec moi. Je connais un très belle homme qui a de l'influence et nous donnait des vies partout dans le monde, mais son début n'était pas comme le miel et le beurre. Il s'est marié, n'avait même emprunté leur robe de mariée et de l'anneau et de tout ce qui a été utilisé, je sais que certains diront que c'est une honte, mais oui, c'était pas drôle pour eux deux, mais ils avaient une vision de la vie et ont travaillé dur, j'ai dormi sur le plancher d'une chambre simple qu'ils avaient. La vision gardé les deux d'entre eux vont et aujourd'hui ils vivent dans un magnifique manoir, voler leurs jets privés, les deux d'entre eux sont des chiffres globaux et donc beaucoup de réussite. Mais permettez-moi de poser cette question que si probablement le mari ou la femme a décidé en raison de l'absence de l'argent et à gauche le mariage, serait l'un d'eux ont maintenant tous les avantages que j'ai mentionné. Je l'ai dit plus tôt que le principal moyen de faire de l'argent est d'être créatif. Oui, je sais que ces couples très bien, et voient leur avenir. Une chose que je vois dans cette génération, c'est qu'ils ne veulent pas réussir et vous pourriez vous demander ou dire, mais tout le monde veut réussir et suis dire que le succès a un chemin, et ils ne sont pas prêts à suivre ce chemin. *"Quelle que soit la richesse obtenue par la vanité doit être diminuée, mais celui qui amasse du travail doit augmenter"*. Vous pourriez dire qui sont les gens à ne pas travailler pour obtenir de l'argent qu'ils ont aujourd'hui, mais *"il est aussi écrit qu'il y est lui qui a fait de lui-même riche, mais a rien du tout: il n'y a que fait de lui-même pauvres, mais a de grandes richesses"*. Il est également écrit que *"un héritage peut être obtenu à la hâte au début: mais la fin de celle-ci ne doit pas être béni"*. Je finirai par dire que, que *"il ou elle que oppresseth le pauvre pour augmenter ses richesses, et il ou elle qui donne à la riche doit sûrement venir à vouloir"*. Tous suis en train de dire est que l'argent ne devrait pas apporter de divorce, mais devrait être un moyen de les aider ou de vous rendre où vous souhaitez vous rendre (objectif).

L'INFIDÉLITÉ ET DE MAUVAISES AFFAIRES

Oui, cela a vraiment été l'une de l'remarqué évident que les apporter à propos du divorce. L'infidélité est d'avoir un extra-conjugales affaire à l'extérieur de votre maison ou de votre mariage. La tricherie, d'épouser la mauvaise personne, en regardant les autres mariages de comparer les vôtres, tout a été un problème dans le mariage. Maintenant, beaucoup vont dire que je ne triche pas, j'ai épousé la bonne personne et ne cherche pas à d'autres mariages, mais, je veux vous montrer un inaperçue événement qui se passe dans la maison. Savez-vous que chaque fois que vous en tant que partenaire de douter de votre partenaire, vous avez commencé à rompre le lien du mariage. Vous en doute les paroles, les actions, les décisions, même quand il ou elle est fidèle à vous, vous avez commencé à avoir une affaire déjà à l'extérieur de votre mariage. Lire mon livre *"le plan original pour le mariage"* et de comprendre ce que le mariage est tout au sujet. Votre coeur, de l'esprit, enfait, tout doit être tricotés ensemble. L'idolâtrie est aussi comme l'adultère et c'est quand votre coeur est ailleurs, quand on ne croit plus à Dieu, il est en train de commettre l'adultère. Oui vous allez dire que c'était à cause de ceci et de cela, qui vous a permis de tricher, mais saviez-vous que vous êtes la cause principale, parce que déjà avant cette époque, votre coeur a découvert un autre endroit pour être.

Je dis à ceux qui sont dans le mariage qu'à chaque fois que vous tentez de tricher ou de divorce, il n'a pas été une décision immédiate, mais ce que vous cuisinerez droite à l'intérieur de vous, même lorsque les choses sont ok dans le mariage. Je leur dis avant ils sont allés dans le mariage, ils n'étaient pas vraiment préparés. La luxure est ce qu'a eux et a la suite de la solitude pas le fait qu'ils étaient prêts. Le mariage est une institution divine que vous continuez à apprendre et à apprendre et à garder apprendre à mieux se connaître et mieux. Certains ont dit que j'ai épousé une mauvaise personne, mais la vérité est que vous avez eu un mal de rencontres et c'est pourquoi je veux que vous pour obtenir mon livre, "la Datation, l'Amour et le Sexe" c'est un morceau merveilleux de travail et il va transformer votre vie. Le mariage n'est pas ce que vous venez de sauter dans et sauter à nouveau.

SEXE

Oui, c'est là que j'ai vu des personnes et des ministères qu'ils essaient de fuir et de mariages sont en train de mourir petit à petit. Les gens vivent dans la servitude et dans le silence. Maintenant, qu'est-ce que le sexe? Je l'ai dit dans mon livre "*le plan original pour le mariage*", que c'est un rapport sexuel entre un homme et une femme légalement mariée, qui est l'insertion du pénis de l'homme dans le vagin de la femme. Le sexe dans le sacré, belles intrinsèquement de l'union par le biais de rapports sexuels que de pénétrer jusqu'à la profondeur de l'être. Le sexe a été l'une des principales causes de divorce, parce que l'homme n'est pas satisfaisant, la femme de même que la femme n'est pas satisfaisant de l'homme. Le sexe est doux comme je l'ai dit dans mon livre "*la Datation, l'Amour et le Sexe*", mais il doit être apprécié correctement. Rappelez-vous qu'il est à faire à l'intérieur de la circonférence de la mariée à la maison. Les deux parties doivent comprendre les uns les autres de la libido et d'essayer de satisfaire les uns des autres. Sexe de les aider à libérer le stress de la journée, il donne un bon sommeil, il rajeunir le corps et aide le cerveau à se recentrer. Le sexe est bon, et je dois vous dire la vérité, parce que nous avons besoin de le savoir. certains prétendent spiritualité, mais malheureusement,

Dieu sera question pour tuer leur partenaire dans le silence, même s'il écrit que *"ne pas priver l'un de l'autre, sauf avec le consentement pour un temps, que vous pouvez donner vous-même pour le jeûne et la prière, et de se réunir à nouveau afin que satan ne vous incite pas à cause de votre manque de maîtrise de soi"*. Que pensez-vous est le sens de se réunir à nouveau afin que satan ne vous incite pas à cause de votre manque de maîtrise de soi, il n'est pas juste un mot, mais une réalité et c'est pourquoi cette génération est d'avoir un gros problème parce que le sexe a enveloppé partout que les deux célibataires, les mariés sont juste défaillante. Le sexe est un sujet très large pour être discuté et j'ai fait ma part sur mon Livre *"la Datation, l'Amour et le sexe"*.

EXPÉRIENCE DE L'ENFANCE

Cet aspect est un domaine très complexe parce que c'est ce que beaucoup de gens sont confrontés dans la vie d'aujourd'hui. Ils sont influencés par leurs expériences de l'enfance, et quand il n'est pas correctement traitée et gérée, elle détruit les mariages et les relations. Les émotions jouent aussi un grand rôle ici aussi, et c'est un domaine qui doit être soigneusement gérée.

Quelqu'un peut utiliser ses émotions pour définir un certain type d'action dans le mariage, à tort, de même si l'un des époux ont l'expérience de l'enfance de pas été aimé, que l'époux prendra aussi le mariage de cette façon, il ou elle doit travailler soigneusement pour éliminer ceux de l'expérience, si non il sera de ce fait à la catastrophe. J'ai vu des situations où un couple a été d'avoir le problème et la femme de garder de me dire que mon mari ne m'aime pas, mais le mari de garder soulignant qu'il l'aime tellement, après beaucoup de temps d'observation, j'ai découvert que la femme souffre depuis l'enfance d'expérience et même si l'homme lui montrer tout l'amour, elle n'est jamais satisfaite. J'ai commencé le counseling et la modification de la femme d'esprit. J'ai vu d'innombrables questions de ce genre et est un gros problème dans le mariage et ceux qui ne pourraient pas le supporter plus fin par un divorce.

Nous pouvons voir clairement les quatre points principaux que j'ai donné ici. Je tiens également à conseiller les personnes dans le mariage, selon mon merveilleux ami Iraida, elle a dit que le mariage est sacré et secret qui signifie qu'il est saint et tout ce qui est fait dans le cadre du mariage doit être maintenue entre le couple seul. De nombreuses maisons sont cassés aujourd'hui, parce que des amis et c'est marrant, ils garder leurs maisons sécurisées, mais détruire les autres, être prudent d'amis, pas tous les amis sont des amis, pas tout ce que vous entendez à l'extérieur est utile dans votre mariage. ÊTRE PRUDENT.

La MÉDITATION

Prendre un moment tranquille pour regarder attentivement vous-même et demandez-vous, je connais vraiment la personne que je veux me marier (pour les célibataires), la personne que je suis marié à (couples), j'ai pris le temps de vraiment le connaître, lui ou elle à l'intérieur ou tout simplement de la surface, suis-je en train d'écouter les gens de détruire ma maison, mon enfance a il m'a aidé en quelque sorte, dois-je satisfaire mon conjoint. Lorsque vous méditez attentivement et a trouvé des erreurs, merci de commencer rapidement à la modification et commencer une nouvelle vie. Il vous aidera à vivre un mariage réussi de la vie. N'oubliez pas d'ajouter de l'émotion, car il va vous conduire à des décisions erronées.

LE CHAPITRE QUATRE
EST DIVORCE DE BON OU DE MAUVAIS

Nous arrivons à l'un des aspects essentiels de ce livre et beaucoup chercheront à savoir si le divorce est bon ou mauvais. Mais avant cela, je veux que nous à courir à travers le chapitre de un à trois, je sais que ce livre vient d'avoir seulement quatre chapitres, mais ils sont merveilleux chapitres. Dans le premier chapitre, nous avons parlé à propos du divorce et de la notion où je vous ai donné mon concept qui j'ai dit est tout simplement deux vision différente refusant de devenir l'une vision, dans le chapitre deux, nous avons parlé de laquelle le divorce et j'ai donné de nous trois grands domaines qui sont la sagesse, la connaissance et la compréhension. Dans le chapitre trois, j'ai parlé ou nous avons parlé de la tâche ardue de défis que les résultats de divorce, dans ces trois chapitres si je suis à vous demander de vous la lecture de ce livre, est le divorce de bon ou de mauvais? si nous sommes à s'intéresser à ce sujet selon la bible, il est écrit que *"Dieu déteste le divorce, Mais à cause de la dureté de votre cœur que Moïse vous a dit que vous devriez lui donner une lettre de divorce, mais dès l'origine il n'en fut pas ainsi"*. Alors, pourquoi est-divorce sévit aujourd'hui, est-ce que c'est une bonne chose. permettez-moi de dire quelque chose ici que lorsqu'un couple se sépare et ont augmenté leurs propres moyens, quand ils viennent à travers eux-mêmes, que la douleur vient de nouveau de retour et plupart d'entre eux élaborer immédiatement une crise cardiaque. Le Divorce est un événement très douloureux, mais si couple qui ne sont jamais accepter les séjours dans un mariage, on ne va sûrement mourir et c'est pire que le divorce parce que son conjoint ou sa conjointe qui est mort pourraient ne pas avoir rempli son/sa vision de la vie, même si l'autre conjoint sera juste le deuil de lui pour un certain temps et oublier. Encore une fois c'est même le meurtre, alors ne pensez-vous pas que si, après un examen approprié et l'un des partenaires n'est pas de changer, alors la séparation est la seule option. Maintenant, dans le monde d'aujourd'hui, lorsque nous prenons la statistique de la mort des hommes en particulier, nous découvrons que c'était en raison de mauvaises mariage, la maison sur le feu et ainsi de suite.

Les hommes naturellement ne peut pas supporter les querelles et tout ce qui va perturber leur cœur. J'ai dit à beaucoup de gens que les hommes que vous voyez dans la consommation d'alcool centres et ceux qui, même à proximité retard au travail, quand même il n'y a pas de travail là-bas, comme un résultat de feu et de soufre à la maison. Les femmes naturellement peut supporter des choses depuis longtemps et c'est pourquoi vous voyez qu'elles peuvent supporter des douleurs lors de la naissance de l'enfant et à nouveau en raison de leur personnalité qui a été trempé avec ils donnent beaucoup de chaleur pour les hommes et à ces hommes de toujours chercher une excuse à courir à partir de la maison. Merci c'est une ouverture des yeux de chaque femme a la lecture de ce livre, c'est de ne pas dégrader vous, mais pour vous faire comprendre de bon ou de mauvais, et si il est bon, à quelle heure est-il bon, ou si c'est mauvais, à quelle heure est-il mauvais. Je crois, d'après l'explication que j'ai donné, vous comprendrez que le divorce est bon et mauvais.

Laissez-moi vous expliquer avec soin, le divorce n'est valable que lorsque l'autre partenaire refuser de changer et est à l'origine de danger pour le mariage. Pas de présentation, pas d'amour, alors qu'est-ce que tu fais là. Il va détruire des vies et de la génération et de se rappeler que Dieu veut pieux graines. Le mariage a été créé aussi pour les pieux de la graine qui sera cultivé par les couples qui sont mariés. Ne pas se tromper ici, mais je comprends très bien que nous avons jeune homme. Les amis, c' est un piège mortel.

Le Divorce est une mauvaise chose lorsqu'il n'y a pas de raison tangible pour la séparation de l'exception d'ordre du jour caché probablement pour satisfaire extravagant envie sexuelle ou la crainte de ne pas avoir été capable. Certaines personnes de divorce pour vraiment pas de raison, et c'est mauvais.

Maintenant je suis pas encourager le divorce et ne sera jamais encourager le divorce, mais la vérité doit être dite, de manière à économiser beaucoup de gens en train de mourir dans les douleurs droit dans leurs maisons. De la même manière aussi de s'arrêter à chaque inutile de déplacer le divorce alors qu'en réalité, rien ne se passe. Je déteste le divorce , mais il est un niveau qu'il obtient, c'est menacer la vie et la bible dit qu'aucun humain n'a le droit de prendre un autre homme de sa vie.

Excusez-moi s'il vous plaît, dis après tout est dit et fait, l'un des partenaires refuse de se repentir ou de changement. Si le divorce n'est pas bon quand c'est comme un résultat de la luxure ou de désirs égoïstes et même le divorce est bon quand il est la vie en danger et l'infidélité.

La MÉDITATION

Pense sur ce chapitre attentivement et de voir où vous en êtes dans votre relation et vos raisons pour le divorce, ne dis pas que vous devriez rester sur le sol de divorce, mais au lieu de chercher un moyen pour transformer votre mariage en suivant les principes que je vous ai donné ce livre, mais si elle est de plus la vie en danger et l'infidélité sans repentir, alors il vaut mieux arrêter de fumer.

ÉGALEMENT PAR DANIEL PATRICK

1. **Le Plan Original pour le Mariage**
2. **La Leçon que j'ai apprise de l'aîné**
3. **La découverte de votre perte de la personnalité**
4. **Des vérités que mon professeur m'a appris à ne jamais**
5. **Le Comment: à la Découverte de votre Destin**
6. **Le Retentissement.**
7. **Le Divorce Pourquoi?**
8. **L'Extra-ordinaire de la jeunesse**

9. La datation, l'Amour et le Sexe

Et beaucoup plus

A PROPOS DE L'AUTEUR

Daniel Patrick est une société internationale de conférencier motivateur, auteur, leadership mentor, relation/mariage coach, enseignant, consultant pour les entreprises et le gouvernement. Il a beaucoup voyagé, cela permettra d'aborder les questions essentielles touchant la gamme complète de l'homme social et le développement spirituel. Le thème central de son message sur la découverte et la maximisation du potentiel des individus, qui comprend également la transformation de la vie par la production efficace et significative des leaders dans tous les domaines de la vie.

Daniel Patrick est fondateur et président de, EN SA PRÉSENCE, MINISTÈRE (IHPM), un multi-dimensionnelle de l'organisation dans

Asaba, au Nigeria.

Daniel Patrick a changé la vie partout dans le monde et est encore en pleine évolution, vit avec son simple évalués biblique uni enseignement qui inspire, motive, les défis, et permet aux gens de découvrir personnelle, de développer une véritable potentiel et de reconnaître, avec une transmission de leurs capacités de leadership.

Son appel et de message dépassent l'âge, la race, la culture, la religion, et l'arrière-plan économique.

Daniel Patrick est un ambassadeur de la paix en Vertu de l'Universel de la paix de la fédération, qui est un organisme dans le cadre de l'organisation des Nations Unies. Daniel Patrick est un chef de file avec un cœur sensible

et une vision internationale. Entrer en contact
avec lui sur

inhispresenceminitries8@gmail.com

www.ingramcontent.com/pod-product-compliance
Lightning Source LLC
Chambersburg PA
CBHW071050220526
45467CB00004B/1754